Made in the USA
Middletown, DE
08 September 2022

73466860R00066